홈을 파고
홈에 다른 색을 넣어
무늬를 만들고

황서윤 역사 시집

홈을 파고
홈에 다른 색을 넣어
무늬를 만들고

발견

THis BOOK's
HIStory
starts
NOW
HISTORY
역사

차례

당나라
궁예
군사들

구석기 시대는 거지 세상

내 모습은 거지 모습
하인처럼 불 만들고
하인처럼 석기 만들고
하인이나 거지처럼 산다

내가 집으로 가면
곰이 날 잡으려 하고
내가 집에서 떠나면
밖에 있는 곰이 날 잡아먹으려 한다

나는 원숭이 같이 생긴
거지의 하인

동굴벽화 신

코끼리 잡아주는 신
고래 잡아주는 신
소원을 이루어주는 신
누구일까?
동굴에 자신과 코끼리를
동굴에 자신과 고래를
동굴 벽에 소원을 그리면
이루어진다
전설 같아 믿지 않아도
전설 같아 믿어도,
아무도 사질 않아 모른다
믿거나 말거나 인 동굴벽화 신을
믿을까 말까

(백제문화를 왜로 전파한 아이스크림들)

1+1 아직기, 왕인

아직기와 왕인은 1+1 이다.

왜가 아직기를 데려가자,

왕인도 아이스크림의 1+1처럼

일본으로 건너간다.

① 1+1의 뜻 = 아직기와 왕인

내 생각속의 백과사전에는

1+1의 뜻이 아직기와 왕인이라 써 있다!!!

1+1 아직기, 왕인

아직기와 왕인은 1+1 이다.
왜가 아직기를 데려가자,
왕인도 아이스크림의 1+1처럼
일본으로 건너간다

1+1의 뜻: 아직기와 왕인
내 생각속의 백과사전에는
1+1의 뜻이 아직기와 왕인이라 써있다.
(아직기와 왕인은 백제 근초고왕 때 백제문화를 왜로 전파한 아이스크림들이다)

김유신

신라 장군이지만 가야의 후손
(가야를 배신하고?)
신라와 손잡기 작전도 쓸 줄 안다

하늘나라에서
집을 짓고 사는 가야왕들은
땅을 보면
배신자라고 말할 것이다
하지만 하늘 위에 있는
박혁거세는 fantastic!
너는 최고,라고 말할 것이다

신라에선 부자 김유신
가야에선 거지 김유신
지금 우리나라에서는 수퍼스타 김유신

KiM-Yoo-
2018.5.27(일)

주몽이 간다

기계처럼
호랑이처럼
모든것이 대단한 주몽…
주몽이 가면
문제는 해결되고
주몽이 없으면 문제가 생긴다
주몽 같은 사람은
3D프린터로
많이 뽑아내야 한다
주몽이 가서 해결 안 되는 문제는 없다

주몽이 간다!

기계처럼!
호랑이처럼!
모든것이 대단한
주몽…!
주몽이 가면
문제는 해결되고
주몽이 없으면 문제가 생긴다,
주몽 같은 사람 없는
3D 프린터로!
한다, 세상

나라

백성들이 힘들면
쉥~ 달려가는
상담실

자세히 이야기 듣고
귀 기울여주는
친구 상담실

나라가 어지러울 때 신하가
슝~ 달려가는
토론실

신하 생각 백성 생각 존중하며
평등하게 의견 내는
저울 토론실

Camera
44X
camera is a boring thing
6.97mm
Don't buy this camera

지루한 카메라

아이가 웃는 모습
스님이 다니는 모습
농부가 일하는 모습을
그리는 화가

진실만 그리고
재미도 없고
카메라 같은 옛날 화가

재밌는 생각도 없고
기록만 하고
그림 그리고, 보기만 하는
옛날 화가

그냥 일만 하는
옛날 화가들

복 많은 강감찬*

얼굴이 고릴라같이 못생겼고
난쟁이같이 키가 작다

사람들 놀림 받아도 참고
공 세웠다고 자랑하지도 않는
신비하게 태어난 강감찬

별이 떨어질 때 태어나고
어릴 때는 전장의 신 같고
커서는 대표로 거란과 싸워
귀주대첩을 소가죽 등을 이용하여 이기고
완전한 할아버지 되어
관직을 가지고
죽어서 시호를 가져서
유명하고 대단해지는
복 많은 강감찬

* 강감찬은 948년 11월 19일(음력) 금주, 지금의 봉천동 낙성대에서 태어난 고려의 장군이다. 983년에 과거시험에 합격하여 예부시랑이 되었다. 현종 때, 거란과 계속 싸우며 1019년에는 소손녕과 거란을 귀주에서 소가죽과 강물 등을 이용해 물리쳤다. 강감찬은 현종 20년에 개경에 나성을 쌓았고 현종 21년에 문하시중에 임명되었다가 관직을 버리고 별장으로 돌아가 낙도 교거집과 구선집을 지었다. 강감찬은 84세에 세상을 떠나고 덕종은 강감찬에게 인헌이라는 시호를 내렸다.

2017.12

2018.1.
S.Y.
묘청(피카소의꿈)

똑똑한 엉터리 스님 묘청

지식도 많다
불교 정신이 대단하다

하지만 유명하다고 말을 막하는 묘청
인종한테 용이 축하한다 라는 거짓말
물이 신비한 색이다 라는 거짓말
용이 침을 뱉다 라는 거짓말을 한다

묘청 꿈이 깨지고
서경으로 수도는 옮겨지지 않고
천둥은 치고
번개도 보너스로 치고
비는 내리고
날씨는 안 좋아서
서경으로 가지도 못하고
반란 일으켜
나라 뒤집고

한 일도 아주 많아
스님 됐다
거짓말쟁이 됐다
반란 대장 된다
영웅에서 악당으로 변한 묘청

묘청의 신하

나는 묘청을 존경하고 있는 서경파 신하 중 한 명이다. 그리고 나는 묘청의 서경 천도 운동에 찬성한다. 또 묘청은 서경에서 워낙 유명하기 때문에 세력이 커질 수 있고 이 일이 벌어지면 나는 부자가 될 지도 모른다. 그리고 우리의 힘이 크면 왕도 우리를 아주 예의 바르게 대해야 할 것이다. 내가 수도를 서경으로 옮겨야 하는 이유 중 가장 중요한 것은 서경으로 수도를 옮기면 내 힘이 커진다는 것이다. 만약 내 힘이 커진다면 내 자손은 과거시험 따위를 보지 않고 계속 왕처럼 지낼 수도 있고 내 집안은 모두 날 존경할 것이다. 묘청과 백수한은 정지상 덕분에 인조의 신임까지 받아서 묘청의 계획이 성공할 수도 있었다. 정지상, 묘청 등이 서경 천도를 주장할 때 개경파 신하들 중에서 김부식이 강하게 반대했다. 우리 서경파 신하들은 대부분 다 김부식이 나쁘다고 생각할 것 같고 묘청도 그러면 좋겠다. 하지만 우리 왕은 묘청과 백수한의 의견에 따라 서경에 행차해서 아주 많은 유신 개혁안을 선포하였다

『묘청』을 읽고

묘청이 등장하기 전 강감찬, 서희 등은 거란을 무찔렀다. 그 다음 등장한 나라가 금나라이다. 금나라는 여진족이 세웠고 여진족은 발해가 망하기 전까지는 말갈족으로 불렸다. 여진족은 고구려 때부터 우리나라를 부모의 나라로 섬기며 해마다 조공을 바쳐왔다. 그때까지만 해도 여진족은 힘이 없었지만 고려가 모르는 사이 힘을 길렀다. 여진족은 고려와 계속 싸웠고 결국 빼앗은 땅을 돌려받고 무시당하지 않게 되었다. 얼마 후 이자겸의 난이 등장하여 인종, 나머지 신하와 백성들을 괴롭혔다. 이자겸의 난이 끝나자 정지상이 서경에 묘청이라는 스님이 지리도창설에 아주 강하다고 인종에게 말하여 인종은 묘청과 묘청의 제자 백수한을 데리고 왔다. 묘청은 서경을 수도로 할 것을 말했지만 신하들의 반대로 못했다. 그래서 한번은 대동강에 떡과 기름을 넣어서 신기한 색과 무늬를 만들고 인종과 뱃놀이를 할 때 묘청은 용이 축하하는 것이라고 거짓말을 했다. 하지만 개경의 유신들이 묘청을 배척하는 운동이 거세지자 묘청의 서경 천도의 꿈은 깨졌다. 그래서 묘청은 반란을 일으켰다. 서경에서는 조광, 정극승, 최공비 등의 사람들이 묘청과 함께 했고 일반 백성들도 싸워야 했다. 하지만 조광은 중간에 잘못된 행동이라 생각하고 묘정을 죽이시만 나시 묘청 편이 되고 만다. 하지만 끝에 묘청 쪽이 진다.

첩자

하인이지만
다른 나라 적의 하인이다

나라 도와주지 못하면
얌전히 있어야 하지만
나라를 망가지게 한다

평화를 위해 그럴지는 모르지만
나라를 누런 잎으로 만드는 것은
자기만 그늘에서 편안하게 자고 싶다는 뜻 같다

첩자의 직업은
나라를 로켓에 실어 우주로 보내는 것이다

corea
18.3

『첩자가 된 아이』를 읽고

송진이가 만약 첩자가 되지 않고 맞서 싸운다면 어머니마저 잃을 수 있었다. 그리고 송진이는 이미 고려가 질 것이라고 생각한 것 같다. 왜냐하면 이미 고려 왕은 항복을 했고 송진이가 아버지와의 대화에서 나라를 지킨다는 초조대장경이 탔으니까 운주사에 가지 않아도 된다고 했기 때문이다. 또 아버지는 팔만대장경이 있다고 했지만 송진이는 몽골이 그것도 태울 수 있다고 하였다. 송진이가 아버지를 잃어버리고 첩자가 된 이유는 전쟁이 없으면 좋겠다고 생각했기 때문이다. 그리고 몽골 쪽에 섰던 이유는 몽골이 이길 가능성이 더 높아서이다. 게다가 태무게까지 첩자가 되라고 하고 있었다. 태무게의 할아버지와 삼촌이 다른 나라와 싸워 이겨 송진이는 태무게의 말을 무시할 수 없었다. 또한 홍다구를 죽이려고 해서 홍다구의 의심을 사 송진이를 어떻게 해 버릴 수도 있어서 첩자가 되었다.

花

상감청자

홈을 파고
홈에 다른 색을 넣어
무늬를 만들고

칼이 닿을 때마다 여러 학들이 태어나서
수백 마리의 무리를 이루게 해주는
상감기법

맑고, 투명한 푸른 빛을 가진 비단옷을 입고
섬세한 무늬를 그리고 나서
길거리에 나가 자랑하는
고려청자

그 둘이 합쳐져 청자나라가 된
고려

2018.2 황서윤

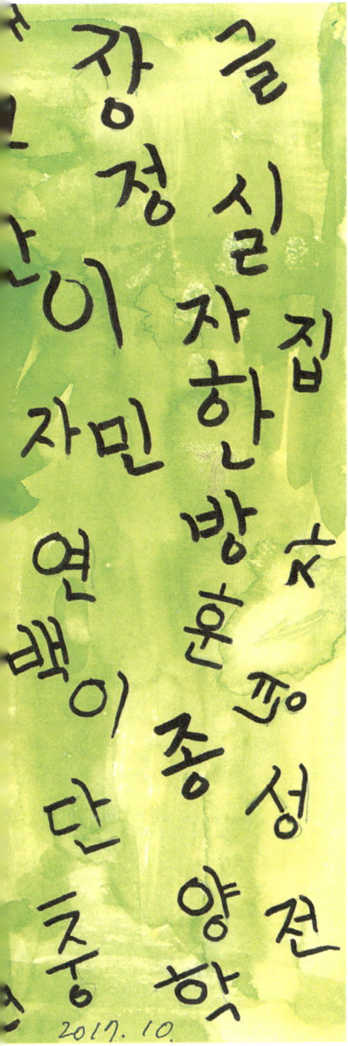

세종대왕

아이고 똑똑해라 아이고 부럽다
누가 세종대왕처럼 대단할까
너무 착하다
너무 부럽다

회오리가 있어도
지진이 있어도
문제가 있어도
자기의 생각으로 모든 것을 해결하는
세종대왕

배우고 가르치고 실천한다
세종대왕
조선의 신이다

왕(단종)

왕이 되면
모두가 적이 된다
형이 날 죽이거나
동생이 날 죽일 수도 있다

방구 한 번 제대로 뀌지도 못하게 모두가
왕을 CCTV처럼 감시한다
왕이 화장실 갈 때면
신하들은
엄마 닭을 따라 가듯이
병아리처럼 삐약삐약 하며
왕을 따라 간다

왕이 실수 한 번 저지르면
신하들은 왕을 내쫓아야 한다고 광고를 한다
백성에게 광고지 나누어 주고
노비들에게는 왕이 이상하다는 노래를 부르게 한다

왕이 조금이라도 놀려고 하면
신하들은 신호등의 빨간불처럼 안 된다고 하고
왕이 백성들을 도와주려고 해도
신하들은 신호등의 빨간불처럼 안 된다고 한다

왕은 왕이 아니라 신하들의 신하 같다
왕은 그저 신하들의 명을 실행하는 도우미 같다

(주) 황서연

REC
쫓기 PLAN!
미래
노비들아 이 노래
불러라!
태평성대 이룰려면
왕을 내쫓아~

『어린 임금의 눈물』을 읽고

1392년 이성계가 고려를 무너뜨리고 조선을 세웠다. 조선의 국교는 유교였고 수도는 한양이 되었다. 태조 이성계가 왕위를 정종한테 물려주자 태종이 왕위 다툼을 일으켜 정종은 태종에게 왕위를 내놓는다. 그래서 태종이 조선의 세번 째 왕이 된다.

태종은 나라의 기틀을 잡고 의정부를 없앤다. 양녕은 놀기만 해서 쫒아내고 세종을 세자로 만들었다. 1418년에 세종이 왕이 되고, 태종이 죽은 뒤에 의정부를 다시 만든다. 그 뒤에 백성들이 읽을 수 있게 훈민정음을 만들고, 농사직설을 훈민정음으로 쓴다. 충효사상과 『상감행실도』라는 유교책을 만든다. 왕권강화를 위해 백성들이 용비어천가를 부르게 했고, 국경선을 정해 여진족이 넘어오지 못하게 했다. 또 장영실은 측우기, 해시계 등을 만들었다. 세종은 집현전을 만들고 왕위를 문종에게 물려주었다. 문종이 병에 걸려 죽자 단종이 왕이 되었다.

세조가 김종서를 죽이고 사육신의 난을 일으키고 금성대군이 난을 시도하자 세조는 단종을 영월로 유배 보내고 죽였다. 세조는 의정부와 집현전을 없애고 경국대전을 만들기 시작했다.

단종 임금님께

안녕하십니까

저는 임금님의 옛 신하들 중 한 명, 김시습이라고 합니다.

죄송하지만 저는 황보인, 김종서 등과 같이 충신이 되지 않았습니다. 그래서 저는 충신이 될 수 있는 다른 방법 중 책을 쓰는 길을 선택하였습니다.

그렇게 하여 저는 『금오신화』라는 책을 써보았습니다. 그 책을 읽으신다면 이야기에 모두 여자의 억울한 죽음이 있다는 것을 아실 것입니다. 그 여자들은 단종 임금님을 빗대어 표현했습니다. 적이 쳐들어와서 죽은 것 등등 여자들의 죽음이 단종임금님이 수양대군으로부터 억울하게 물러나는 모습과 비슷했기 때문입니다. 또, 그 남자들은 충신들을 빗대어 표현했습니다. 임금님을 계속 섬기고 모시는 신하들은 대부분 벼슬을 그만 두었습니다. 하지만 반대로 신숙주 등의 신하들은 수양대군의 오른팔이 되었습니다. 이것만이 제가 지금 알고 있는 내용입니다. 만약 새로운 정보가 생기면 얼른 알려드리겠습니다.

안녕히계세요

김시습 올림

숙주나물 신숙주

숙주 나물이 왜 숙주나물일까?
그야 신숙주를 닮아서 그런 거지
숙주 나물처럼 왔가 갔다 잘도 변하는
신숙주

강에서 징검다리 건너듯
쉽게 쉽게 생각 변하고
계절이 됐다는 듯
언제나 봄, 여름, 가을, 겨울
마음이 바뀐다

봄에는 착한 마음
여름에는 독특한 마음
가을에는 괜찮은 마음
겨울에는 차가운 마음

그것도 시계처럼 언제나 바쁘게 똑딱똑딱
마음을 바꾸고 생각도 바꾼다
초침은 신숙주의 머리
분침은 신숙주의 행동
시침은 신숙주의 마음

똑딱똑딱 똑딱딱
바쁘게 바뀐다

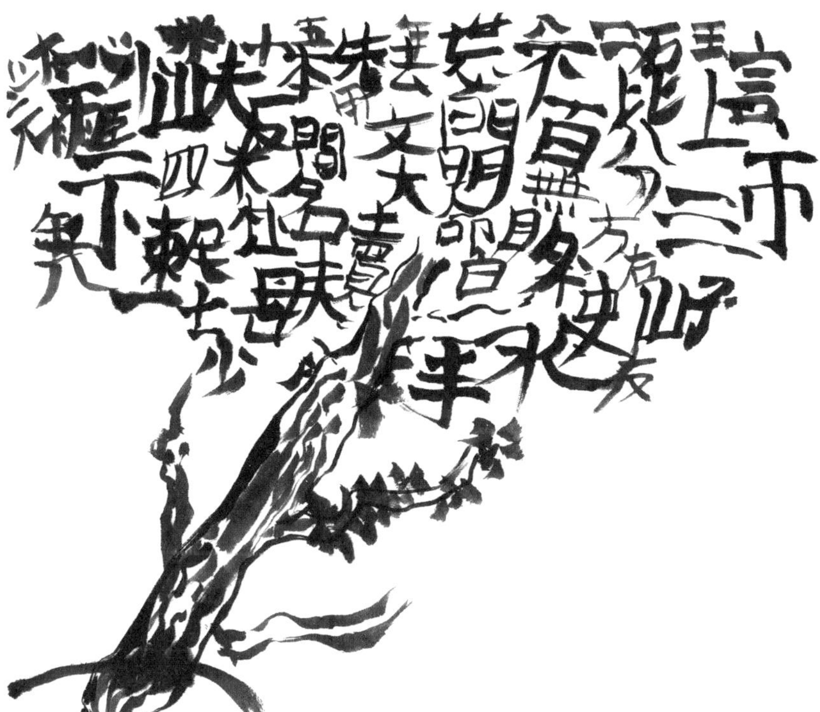

의학의 대통령, 허준

처음은 의학으로 사람을
돕는데서 시작했지만
승진하여 국회의원
또 승진하여 시장
한번 더 승진하여
의학의 대통령자리를
맡았지!
이 동의보감을
쓰고나면 대왕이 될지도…

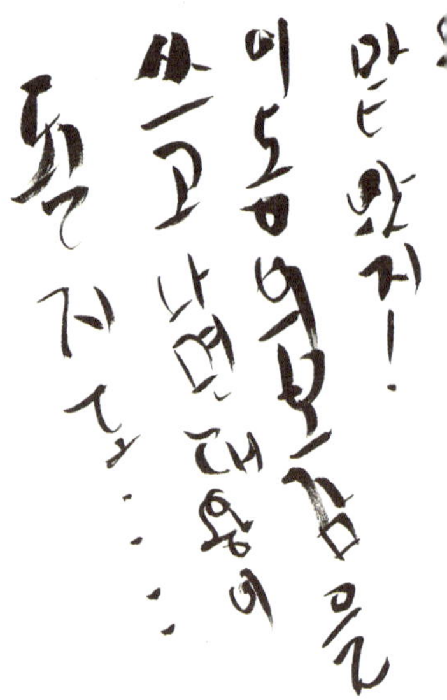

의 대통령, 허준!
처음은 의학으로 사람을
돕는데서 시작했지만
승진하여 국회의원!
또 승진하여 시장!
승진....
승진 승진 승진
승진 승진
대통령

입꼬리의 중요성*

입꼬리는 혜경궁 홍씨의 고약한 마음을 숫자로
알려주는 기계이다

권력을 갖기 위해
영조한테서 원하는 것을 얻으면
입꼬리가 쓱,
올라가
입은 90°로 된다
고약한 마음: 80점

사도세자가 죽든지 말든지
상관이 없어서
입꼬리는 180°로 누워있는다
고약한 마음: 100점

정조가 왕이 되면 난 힘센 사람
아무도 넘을 수 없는 사람이 된다
라고 생각해

영조가 정조를 죽이지 못하도록 빌어
성공해서
입꼬리가 아주 많이 올라가
입모양이 삼각형으로 변신한다
고약한 마음 : 85점

총점 265점/300점

혜경궁 홍씨가
총점을 보고 놀라길 바라며

—300점에서 모자란 35점은 다행이 운이 좋아
기계가 고장 난 틈을 타
깎인 점수이다

* 『한중록』을 읽고

2018. 5. 27 (일)
10
'80
+100
85
265
TOTAL
265/30

김만중의 『구운몽』을 읽고

김만중은 숙종에게 옳은 것을 하라고 말하다가 귀양살이를 하게 된 사람이다.

김만중이 구운몽을 쓴 첫 번째 이유는 엄마를 위로해드리기 위해서였다. 왜냐하면 김만중의 엄마는 혼자서 김만중을 가르치고 키워서 김만중한테는 아주 중요한 인물이었기 때문이다.

두 번째로 그 시대의 배경에서 보면 숙종과 장희빈 때문에 나라가 혼란스러웠다. 그래서 김만중은 숙종보고 나랏일을 잘 해달라고 이 책을 쓴 것 같다. 성진이 숙종을 비유하여 만든 인물이라면, 꿈은 숙종이 나랏일을 잘하게 하기 위하여 자신의 잘못을 깨닫는 것을 대신하여 추가한 말일 수도 있다. 또 성진과 함께 죄를 지은 사람은 숙종을 방해한 사람들인 것 같다. 8명의 선녀가 성진이 죄를 짓게 했다면 그 중에 한 명은 장희빈인 것 같다.

이순신 장군

로션같이 부드러운 말투로
군사들을 위로하고

열심히 싸워서
거칠거칠한 손을 만든다

죽으라 하며 싸워서
용처럼
용감하게 이긴다

끝에는 마지막까지
이기려고
자기가 죽던 말던 신경쓰지 않는다

황서윤(B.C.) 2018.4.8 日(일)

조선의 백성들에게

내가 덕이 없어
하늘이 날 벌 준 것 같다
그리고 나는 왕의 자리에서 물러날 만큼의 큰 죄를 지었다

나 때문에 너희들이 고생해서
이 편지를 쓰게 되었구나
내가 한심한 짓을 할 때
너희들은 끝까지 버텨주어서
정말 고맙다

이번 한번만 용서를 해주면
나는 그 은혜를 갚기 위해
대단한 왕이 되겠다고 맹세한다

이 고비만 넘어가면 그때는 꼭
모두가 잘 사는 시대를 열어주고 싶다

조선왕 올림

동학 농민 운동

근대화 운동 중 성공했다면 좋았을 운동에는
동학 농민 운동이 있다
왜냐하면 동학 농민 운동은 직접 백성들이 실천한 근대화 운동이기 때문이다
다른 근대화 운동들, 예를 들어 갑오개혁은 백성들이 따르지 않아서 실패했지만
만약 백성들이 따랐다면 성공했을 수도 있다
또한 동학 농민 운동이 성공했다면
백성들도 개혁을 같이 했을 것이며 뒤에 나오는 근대화 운동도 많이 성공했을 것이다
만약 동학 농민 운동이 성공했다면
청일전쟁과 러일전쟁으로 일본이 우리나라를 지배할 만큼의 많은 권력을 독차지 하지 않았을 테고
이완용이 우리나라를 팔아먹지도 않았을 것이다
또 동학 농민 운동 뒤에 독립협회, 만민공동회, 광무개혁이 뒤따르기 때문에
농민들, 백성들, 양반들이 모두 불만없는 개혁을 해서 근대화된 조선을 만들 수 있었을 것이다

위한 一편단心 한글나라가도 지속될것이다.

고종의 단심가

조선이 죽고
죽어 일만 번
고쳐 죽어,
넋이라도 있고
없고 조선

매국노 이완용

돈도 많고, 일본이랑도 친하고
생존에도 위험이 없고
풍부한 것들을
온몸에 누리고 있는 매국노 이완용.

하지만 이게 무엇이 좋을까?
그저 자동차가 더 잘 달릴 수 있게 만드는
브레이크일 뿐인데
누가 브레이크를 신뢰하고, 믿고, 따를까?
권력, 돈, 모든걸 다 손에 쥐고 있지만
민심 하나 없는 이완용.

매국노
을사늑약
이완용
도장
MADEIN Japan

신채호

독립운동가들 중 내가 택했을 인물은 신채호이다

왜냐하면 조선말기부터 조선의 역사를 좋게 본 사람 없었고

조선이 신하의 나라로 대부분 생각했는데

신채호는 조선의 미래를 위해 역사를 연구하여

우리나라의 역사를 새롭게 평가했기 때문이다

또 신채호는 우리나라를 형편없게 보거나

일본에게 항복하기 보다는

조선의 역사를 통해 3.1운동 같은 방법이 아닌

새로운 방식으로 독립운동을 했다

신채호는 우리나라가 우리나라의 역사를 자랑스럽게 할 수 있도록

도와준 사람이다

6.25전쟁

우리나라 현대사 중에서 가장 중요한 일은 6.25전쟁인 것 같다.

왜냐하면 이 전쟁은 우리나라 민족을 둘로 가른 전쟁이기 때문이다. 또 미국과 러시아(소련)의 싸움이라고 할 수 있다. 6.25전쟁은 중국까지 끌어 들였기 때문에 사회주의와 자본주의의 싸움이며 강대국들의 싸움이기도 했다. 그 전쟁 때문에 이산가족이 생겨났고 우리나라가 지금까지도 합쳐지지 못하는 이유일 것이다. 또 이 전쟁은 아이들, 어른들, 모두 하는 싸움이었다. 왜냐하면 아이들과 어른들 모두 배고픔에 시달리며 계속 피난을 가야 했기 때문이다. 따라서 이 사건이 중요했던 이유는 많은 강대국들, 그리고 사회주의와 자본주의의 싸움이었고, 우리나라의 시민들 모두의 싸움이었기 때문이다.

조선 왕에 대한 나의 생각(간략모음)

조선의 왕에 대한 이야기를 쓴 이유는 역사는 곧 우리나라의 미래이기 때문입니다. 만약 역사를 모른다면, 옛날에 있던 슬픈 역사는 다시 돌아올 것이기 때문입니다. 예를 들어, 우리가 역사에 관심도 갖지 않고, 배우지도 않는다면 우리나라는 일본의 지배를 또 받을지도 모릅니다. 우리나라가 준비도 하지도 않고, 놀고 먹기만 하면 세계에서 가장 가난하고 희망이 없는 나라가 될 것입니다. 저희가 일본한테서 벗어나 광복절을 맞이할 수 있었던 이유는 우리나라가 끊임없이 노력하고 힘을 모았기 때문입니다. 하지만 우리나라가 그것 마저 배우지 않으면 우리나라는 망한 나라 즉, 존재감 없는 나라가 될 것이라고 생각합니다. 따라서 저희는 역사가 곧 우리나라의 미래라고 생각합니다.

* 표시의 글은 대치초등학교에 다니고 있는 친구 박지윤이 함께 한 글입니다.

태조 이성계*

태조는 생애가 1335년부터 1408년이다. 재위기간은 1393년부터 1398년이다. 총 6년 2개월이다. 휘는 이성계 또는 이단이다. 묘호는 태조이다. 태조의 재위기간에 일어난 대표적인 사건은 한양 천도이다. (천도는 수도를 옮긴다는 것이다.) 고려의 수도는 개경이었는데 태조는 수도를 한양으로 옮겼다. (한양은 지금의 서울이다.)

정종*

정종은 생애가 1357년부터 1419년이고 재위기간은 1398년부터 1400년이다. 총 2년 2개월이다. 초명은 이방과이고 휘는 이경이다. 묘호는 정종인데 재위기간이 짧아서 일어난 일이 별로 없다. 정종은 격구를 좋아했다고 한다.

태종*

태종은 생애가 1367년부터 1422년이다. 재위기간은 1400년부터 1418년이다. 총 18년이다. 휘는 이방원이고 묘호는 태종이다. 태종의 재위기간에 일어났던 대표적인 사건은 6조 직계제를 실시했던 것이다. 6조 직계제는 왕권 강화를 위한 정책이었다.

세종대왕

세종대왕은 생애가 1397년부터 1450년이고 재위기간은 1418년부터 1450년이다. 원래 이름은 '이도'이고, 묘호는 세종이다. 세종대왕은 조선의 국토를 넓혔고, 집현전을 이용해서 훈민정음(백성들을 가르치는 바른 소리)을 만들었다. 훈민정음이 처음 만들어졌을 때 편찬된 책은 용비어천가와 상감행실도가 있다. 용비어천가는 조선이 만들어진 것을 축복하는 노래이고 상감행실도는 백성들이 어떻게 살아야 하는지 그림과 글로 표현한 것이다. 세종대왕은 장영실을 등용해 조선의 과학을 발전시켰다. 장영실이 만든 것들은 시간을 알려주는 앙부일구(해시계), 자격루(종치는 것) 등이 있다. 또 박연이라는 사람을 등용해 종묘제례악(아악)을 발전시켰다.

문종

문종은 생애가 1414년부터 1452년이고 재위기간은 1450년부터 1452년이다(총 2년 2개월!!). 원래 이름은 이향이고 묘호는 문종이다. 문종은 일찍 죽었고 그렇게 근일을 하지 않았으므로 그냥 넘어갈 것이다.

단종

단종의 생애는 1441년부터 1457년이고 재위기간은 1452년부터 1455년이다(총 3년1개월!). 원래 이름은 이홍위이고 묘호는 단종이다. 단종이 왕이었을 때 나이가 너무 어렸다. 그래서 그런지 수양대군(세조)이 왕의 자리를 노리고 있었다. 수양대군은 권력이 많았던 신숙주와 다른 신하들을 끌어들여 단종을 내쫓고 왕이 됐다. 이때 수양대군을 막은 사람들이 있었다(성상문/박팽년/유성원… 이사람들을 사육신이라고 함) 하지만 실패하여 많은 사람들이 귀양을 갔다. 이 일을 계유정난이라고 한다. 계유정난이 일어났을 때 김시습이라는 사람도 귀양을 갔다. 김시습은 단종과 수양대군(세조)을 빗대어서 금오신화라는 책을 귀양가서 썼다.

세조*

세조는 생애가 1417년부터 1468년이고 재위기간은 1455년부터 1468년이다. 총 13년 3개월이다. 휘는 이유이고 묘호는 세조이다. 세조의 재위기간에 일어난 대표적인 사건은 단종 복위 운동이다. 이 운동은 왕이 될 명분이 부족했던 세조가 왕위에 오르는 것을 반대해서 일어났다.

예종

예종의 생애는 1450년부터 1469년이고 재위기간은 1468년부터 1469년이다(총1년 3개월!! ,,,짧다) 원래 이름은 이황(그

유명한 퇴계 이황, 그러니까,,,지폐에 있는 이황 아닙니다~) 이고 묘호는 예종이다. 예종은 세조에서 시작한 경국대전을 이어서 쓰다가 그냥 꽥! 하고 죽었다. 딱히 중요하고 큰일을 하지 않음.)

성종

성종의 생애는 1457년부터 1495년이고 재위기간은 1469년부터 1495년이다(총 25년 1개월). 원래 이름은 이혈이고 묘호는 성종이다. 성종은 성리학에 심취하여 학자보다 깊이 공부했고 젊은 학자들에게 휴가를 줘서 책을 만들게 하였다. 또, 세조 때 시작된 경국대전이라는 언어에 관한 책을 완성했다

연산군*

연산군은 생애가 1476년부터 1506년이고 재위기간은 1494년부터 1506년이다. 총 11년 9개월이다. 휘는 이융이다. 묘호는 없다. 왜냐하면 폐위되어 연산군으로 강등되었기 때문이다. 연산군의 재위기간에 일어난 대표적인 사건은 무오사화이다. 무오사화는 사초가 계기가 되어 일어났다. 사초는 실록을 만들기 위한 역사기록이다. 사림의 김종직이 쓴 조의제문에는 왕위찬탈을 비난했다. 그래서 무오사화가 일어났다.

중종*

중종의 생애는 1488년부터 1544년이다. 재위기간은 1506년부터 1544년이다. 총 38년 2개월이다. 휘는 이역이고 묘호는 중종이다. 중종은 조광조를 등용했는데 나중에는 반정을 일으키려 했다고 의심을 받아 사형을 당하게 된다. 그런데 중종은 어떤 나뭇잎에 조광조가 왕이 된다는 글씨로 애벌레가 갉아먹었던 나뭇잎을 보고 의심한다. 그런데 그 나뭇잎은 조광조를 싫어했던 사람들이 나뭇잎에 꿀로 글씨를 써 놓고 그것을 갉아먹게 했던 것이다. 그래서 결국 조광조는 사형을 당했다.

인종*

인종은 생애가 1515년부터 1545년이고 재위기간은 1544년부터 1545년이다. 총 9개월이다. 휘는 이호이고 묘호는 인종이다. 재위기간이 제일 짧은 왕이다. 그렇다면 그 이유는 무엇일까? 그 이유는 몸이 허약했던 인종이 금식으로 몸이 더욱 허약해져 결국 9개월 만에 세상을 떠났기 때문이다.

명종*

명종은 생애가 1534년부터 1567년이다. 재위기간은 1545년부터 1567년이다. 총 22년이다. 휘는 이환이고 묘호는 명종이다. 명종의 재위기간에 일어난 대표적인 사건은 을사사화이다. 이 사건은 소윤세력이 대윤세력을 모두 숙청한 사건이다.

선조

선조의 생애는 1552년부터 1608년이고 재위기간은 1567년부터 1608년이다(총 40년 7개월). 선조는 학문을 좋아하고 성리학을 신봉하는 인물이라 공신과 왕실 인척을 멀리하고 사림파(사림이라는 그룹의 신하들)를 가까이 했다. 그러다 보니 사림이 동인과 서인으로 나뉘고 붕당정치가 시작되었다. 그러면서 임진왜란이 발생하여 선조는 백성을 버리고 도성을 빠져 나갔고 이 때문에 분노한 백성들이 왕실에 등을 돌리기도 했다. 이런 혼란스러운 시기에도 곽재우는 육지를, 이순신은 바다를 겨우 지켜, 위기에서 벗어났다. 그 뒤 선조는 죽고 정식 묘호는 선조소경정륜입극성덩홍렬지성대의격천희운현문의무성예달호대왕이다(too long!).

광해군

광해군의 생애는 1575년부터 1641년까지이다. 재위기간은 1608년부터 1623년까지이다. 광해군은 임진왜란 때 중립외교라는 것을 했다. 당시 중국은 명나라와 새로 생긴 후금이 있었는데 둘 중 어느 나라 쪽을 도와야 하는지 선택을 해야 했다. 하지만 광해군은 두 나라를 공평하게 대하는 중립외교를 실시

했다. 하지만 몇 년 뒤 조정은 중립외교가 명나라(원래 섬기던 나라)를 배신하는 것이라고 하여 광해군을 내보냈다.

인조*

인조는 생애가 1595년부터 1649년이고 재위기간은 1623년부터 1649년까지 총 26년 2개월이다. 휘는 이종이고 묘호는 인조이다. 인조의 재위기간에 일어난 대표적인 사건은 병자호란이다. 병자호란의 결론은 결국 인조가 패배해 청나라 황제에게 이마에 피가 나도록 절을 한 것이다. 그래서 이 사건을 삼전도의 굴욕이라고도 한다.

효종

효종의 생애는 1619년부터 1659년, 재위기간은 1649년부터 1659년이다. 효종의 아버지 인조는 그 아들 2명, 즉 소현세자와 봉림대군(효종)이 있었다. 소현세자를 미워하던 인조는 봉림대군이 왕이 되도록 했다. 봉림대군 즉 효종이 왕이 되자 효종은 북벌을 준비했다. 첫번째로 전력이 많았던 김자점을 유배시켰다. 김자점은 풀려나오려고 했으나 실패했고 그의 가족과 김자점은 사약을 받고 죽었다. 한편 효종은 본격적으로 북벌을 준비했다. 효종은 최대한 군대를 많이 만들었고 조총을 개조하여 화력을 높혔다. 이쯤, 청나라는 나선(러시아)이 계속 쳐들어와 골치를 앓고 있었다. 그리하여 효종은 조총군사 100명을 뽑아 시험삼아 나선(러시아)을 공격했다. 조선의 조총부대가 공격을 하자 나선인(러시아인)들은 모두 도망쳤다. 그 후 나선일들 사이에선 조선이 무섭다는 말이 돌았다. 하지만 효종은 북벌을 하려고 할 때 병에 걸려 죽었다.

현종

현종의 생애는 1641년부터 1674년이고 재위기간은 1659년부터 1674년이다. 현종은 즉위하자마자 예송논쟁(즉 서인 대 남인의 싸움)에 휩싸여야만 했고 현종은 이를 잘 수습하지 못해서 예송논쟁은 숙종 때까지 이어진다. 그래도 현종 때 만큼은 어느 정도 평화로웠다.

숙종

숙종의 생애는 1661년부터 1720년까지이다. 그리고 재위기간은 1674년부터 1720년까지이다. 숙종 때는 예송논쟁과 환국(그냥 다 좋지 않은 일)이 있어났다. 환국 때문에 조정이 흔들리기도 했다. 예를 들어 장희빈 사건이 있다.

경종*

경종은 생애가 1688년부터 1724년이고 재위기간은 1720년부터 1724년까지 총 4년 2개월이다. 경종은 나중에 연잉군(영조)이 경종에게 게장과 감을 올리고 경종은 그것을 먹고 세상을 떠나게 된다.

영조

영조의 생애는 1694년 1776년까지이고 재위기간은 1724년부터 1776년까지이다. (총 51년 7개월, 조선에서는 영조가 가장 오래 산 왕이다.) 영조는 노론과 소론의 편을 들기보다는 노론의 인재와 소론의 인재를 골고루 섞어서 쓰는 탕평책을 실시했다.

정조*

정조는 생애가 1752년부터 1800년이다. 재위기간은 1776년부터 1800년이다. 총 24년 3개월이다. 휘는 이산이고 묘호는 정조이다. 정조는 문무를 모두 겸비한 왕이었다.

순조*

순조는 생애가 1790년부터 1834년이고 재위기간은 1800년부터 1834년이다. 총 34년 3개월이다. 휘는 이공이고 묘호는 순조이다. 순조의 재위기간에는 신유박해라는 사건이 있었는데 이 사건은 천주교를 박해한 사건이다.

헌종*

헌종의 생애는 1827년부터 1849년이고, 재위기간은 1834년부터 1849년이다. 헌종은 조선에서 가장 어린 나이인 8살에 왕이 되었다. 8살이었던 헌종은 너무 어려서, 할아버지 순조의 왕비 수원왕후가 정치를 도와야 했다. 1864년에 권력이 많던 풍양 조씨의 조만영이 죽으면서 안동 김씨가 권력을 독차지하게 되었다. 이 일이 생긴 후 곳곳에서 역모 사건이 생겼고, 바다에는 서양인들을 태운 이양선이 와서 백성들은 분노했다. 그 후 헌종은 23세의 나이로 생을 마감했다.

철종*

철종은 생애가 1831년부터 1864년이다. 재위기간은 1849년부터 1864년이다. 총 14년 5개월이다. 휘는 이원범에서 이변이 되었고 묘호는 철종이다. 철종은 강화도에서 태어나 세자의 자리를 거치지 않았기 때문에 제대로 된 왕의 역할을 하지 못했다.

홈을 파고
홈에 다른 색을 넣어
무늬를 만들고

초판 1쇄 발행 / 2019년 5월 3일

지은이 / 황서윤
펴낸이 / 황학주
펴낸곳 / 발견
디자인 / 송남숙
주소 / 서울시 중구 퇴계로 30길 24 삼익파크빌상가 101-1호
전화 / 02-2275-4212
팩시밀리 / 02-2278-4213

ISBN : 978-89-6879-042-3 73810

• 이 도서의 국립중앙도서관 출판예정도서목록(CIP)은 서지정보유통지원시스템 홈페이지(http://seoji.nl.go.kr)와 국가자료공동목록시스템(http://www.nl.go.kr/kolisnet)에서 이용하실 수 있습니다.(CIP제어번호: CIP2019016474)